AF389109

CATALOGUE

DE

TABLEAUX MILITAIRES

PAR

ÉD. DETAILLE & A. DE NEUVILLE

Provenant du

Panorama de Rezonville

ET QUELQUES TABLEAUX

Provenant du

PANORAMA DE LA BATAILLE DE CHAMPIGNY

Par les mêmes Artistes

DONT LA VENTE AURA LIEU

GALERIE GEORGES PETIT

8, RUE DE SÈZE, 8

Le Mardi 16 Juin 1896

À DEUX HEURES

Commissaire-Priseur	*Expert*
Mᵉ PAUL CHEVALLIER	**M. GEORGES PETIT**
10, Rue Grange-Batelière, 10	12, Rue Godot-de-Mauroi, 12

EXPOSITIONS

Particulière : *le Dimanche 14 Juin 1896, de 1 h. à 6 h.*
Publique : *le Lundi 15 Juin 1896, de 1 h. à 6 h.*

CONDITIONS DE LA VENTE

Elle sera faite au comptant.

Les Acquéreurs paieront **cinq pour cent** en sus des adjudications.

Désignation

—→ >>:◊:<<‹—

A. DE NEUVILLE

La partie exécutée par A. de Neuville dans le panorama de *la Bataille de Rezonville* a pour théâtre le terrain où s'était effectuée, au milieu de la journée, la célèbre charge du 7e cuirassiers allemands et du 16e uhlans, dirigée par le général de Bredow. La cavalerie allemande traversa d'abord les lignes françaises. Mais la division de cavalerie du général de Forton la chargea à son tour et la poursuivit à fond, lui faisant perdre plus des deux tiers de son effectif (16 officiers, 363 hommes, 409 chevaux). Cette charge est appelée, en Allemagne, la « Chevauchée de la Mort ».

1 — *Après la Bataille.*

Un officier de chasseurs à pied, blessé, appuyé sur son ordonnance, serre la main à un officier de dragons et à un officier d'état-major.

Haut., 1 m. 85; larg., 2 m. 50.

2 — *Un Dragon ramasse des lances de uhlans.*

Haut., 1 m. 79; larg., 2 m. 05.

3 — *Après la « Chevauchée de la Mort ».*

> Haut., 1 m. 85 ; larg., 1 m.

4 — *Cuirassiers de la brigade de Grammont (nᵒ 1).*

> Haut., 78 cent.; larg., 2 m. 40.

5 — *Cuirassiers de la brigade de Grammont (nᵒ 2).*

> Haut., 75 cent.; larg., 1 m. 21.

6 — *Cuirassiers de la brigade de Grammont (nᵒ 3).*

> Haut., 62 cent.; larg., 1 m. 60.

7 — *Dragons de la brigade Murat (nᵒ 1).*

> Haut., 1 m. 25; larg., 2 m. 36.

8 — *Dragons de la brigade Murat (nᵒ 2).*

> Haut., 1 m. 06 ; larg., 2 m. 15.

9 — *Dragons de la brigade Murat (nᵒ 3).*

Ce sont les dragons de Murat et les cuirassiers de Grammont qui chargèrent et dispersèrent les cuirassiers et les uhlans du général de Bredow.

> Haut., 90 cent.; larg., 1 m. 65.

10 — *Le général prince Joachim Murat et des officiers.*

> Haut., 1 m. 36; larg., 1 m. 70.

11 — *Un Dragon gardant des prisonniers allemands (nᵒ 1).*

> Haut., 2 m. 05 ; larg., 1 m. 48.

12 — *Un Dragon gardant des prisonniers allemands*
(n° 2).

Haut., 2 m. 10 ; larg., 1 m. 65.

13 — *Un Dragon gardant des prisonniers allemands*
(n° 3).

Haut., 1 m. 52 ; larg., 1 m. 76.

14 — *Trompette de dragons.*

Haut., 1 m. 05 ; larg., 75 cent.

15 — *Dragon. Au fond, cuirassiers et carabiniers de
la garde impériale.*

Haut., 2 m. 31 ; larg., 1 m. 30.

16 — *Cuirassiers et carabiniers de la garde impériale.*

Haut., 1 m. 20 ; larg., 1 m. 65.

17 — *Un Capitaine d'état-major interroge deux prisonniers allemands, qu'accompagne un chasseur à pied de la garde impériale.*

Haut., 1 m. 65 ; larg., 2 m. 33.

18 — *Un Dragon tenant un cheval par la bride.*

Haut., 1 m. 07 ; larg., 1 m. 50.

19 — *Artilleur à pied menant par la bride son cheval
blessé.*

Haut., 93 cent. ; larg., 1 m. 69.

20 — *Uhlan blessé et lignard mort.*

Haut., 1 m. 60 ; larg., 2 m. 73.

21 — *Cuirassier allemand, dragon français et uhlan gisant sur le sol.*

Haut., 1 m. 13 ; larg., 2 m. 05.

22 — *Un Fantassin français, blessé.*

Haut., 1 m. 45 ; larg., 1 m. 12.

23 — *Un Uhlan, un cuirassier allemand, morts.*

Haut., 1 m. 13 ; larg., 2 m. 35.

24 — *Lignard et uhlan, tués.*

Haut., 1 m.; larg., 2 m. 20.

25 — *Plusieurs chevaux allemands.* Groupe.

Haut., 1 m. 21 ; larg., 1 m. 11.

26 — *Uhlan mort.*

Haut., 1 m. 45 ; larg., 2 m. 02.

27 — *Chasseur à pied, lignard et chevaux tués.*

Haut., 2 m. 13 ; larg., 2 m. 95.

28 — *Deux Fantassins français morts et un uhlan blessé.*

Haut., 1 m. 60 ; larg., 2 m. 15.

29 — *Un Lignard, un chasseur à pied, hors de combat.*

Haut., 1 m. 25 ; larg., 2 m. 27.

30 — *Clairon de chasseurs à pied, mort.*

Haut., 1 m. 25 ; larg., 1 m. 62.

31 — *Un Dragon tient un cheval à la bride.*

Haut., 1 m. 16 ; larg., 99 cent.

32 — *Un Chasseur tenant un cheval allemand par la bride et le caressant.*

Haut., 93 cent.: larg.. 1 m.

33 — *Le général de Forton et le colonel Durand de Villers.*

Haut., 93 cent.: larg.. 1 m. 62.

34 — *Les Chasseurs du colonel Durand de Villers (n° 1).*

Haut.. 1 m. 45: larg.. 2 m. 50.

35 — *Les Chasseurs du colonel Durand de Villers (n° 2).*

Haut.. 1 m. 55: larg.. 1 m. 15.

36 — *Les Zouaves de la garde impériale en soutien de l'artillerie de la garde.*

Haut.. 1 m. 05: larg.. 3 m. 30.

37 — *Deux Dragons ; l'un est descendu de son cheval.*

Haut.. 50 cent.: larg.. 40 cent.

38 — *Deux Cuirassiers français ; l'un est démonté.*

Haut.. 50 cent.: larg.. 57 cent.

39 — *Les Trompettes d'un régiment de dragons.*

Haut.. 65 cent.: larg.. 1 m. 03.

40 — *Coup d'obus.*

Haut.. 1 m.: larg.. 2 m. 10.

41 — *Un Officier des zouaves de la garde impériale est porté à l'ambulance.*

Haut., 1 m. 20; larg., 2 m. 30.

42 — *Un Officier de la ligne, blessé.*

Haut., 98 cent.; larg., 1 m. 21.

43 — *Plusieurs blessés, dont un officier supérieur, conduits à l'ambulance.*

Haut., 91 cent.; larg., 2 m. 17.

44 — *Chasseurs à pied et carabiniers de la garde impériale.*

Haut., 1 m. 33; larg., 2 m. 27.

45 — *Un Chasseur à pied, tué.*

Haut., 75 cent.; larg., 1 m. 25.

46 — *Deux cadavres de chevaux.*

Haut., 1 m. 14; larg., 2 m. 30.

47 — *Prisonniers prussiens.*

Haut., 67 cent.; larg., 1 m. 38.

48 — *Giberne, bidon, bonnet de police.*

Haut., 60 cent.; larg., 1 m. 12.

49 — *Deux sacs de lignards.*

Haut., 75 cent.; larg., 1 m. 99.

50 — *Un sac de lignard.*

Haut., 1 m. 06, larg., 1 m. 85.

51 — *Une Charrue.*

Haut., 1 m.; larg., 2 m. 13.

ÉD. DETAILLE

M. Detaille a peint le moment où, à sept heures
et demie du soir, la grande bataille du 16 août 1870
est finie. Après une lutte acharnée, l'armée française conserve ses positions, attaquées et défendues
toute la journée ; cependant l'artillerie française
canonne encore les positions allemandes, et le général
Bourbaki, commandant en chef de la garde impériale, vient conférer avec le maréchal Canrobert,
commandant le 6ᵉ corps.

52 — *Rencontre du maréchal Canrobert, comman-*
      dant le 6ᵉ corps, et du général Bourbaki,
      commandant en chef la garde impériale.

        Haut., 1 m. 85 ; larg., 2 m. 46.

53 — *Le général Henri, chef d'état-major du*
      6ᵉ corps, le capitaine de Randal, de l'artil-
      lerie, et d'autres officiers. — Au fond, le
      long d'un mur, des sapeurs du génie pra-
      tiquent des brèches.

        Haut., 3 m. 80 ; larg., 3 m. 06.

54 — *Le commandant Caffarel, du corps d'état-*
      major (sur un cheval gris), le lieutenant
      d'infanterie de Reynières, des officiers d'état-
      major. — Au fond, des sapeurs du génie.

        Haut., 2 m. ; larg., 2 m. 38.

55 — *Le général d'Auvergne, chef d'état-major du général Bourbaki, et son aide de camp, le commandant Laperche.*

Haut., 2 m. 25 ; larg., 1 m. 71.

56 — *Le capitaine de la Calle, de l'artillerie de la garde ; le capitaine d'état-major Guillet ; le commandant Chennevière et le commandant Denègre, du corps d'état-major ; le lieutenant Sancy-Parabère, des lanciers de la garde ; le capitaine de Beaumont, des dragons de l'impératrice.*

Haut., 2 m. 40 ; larg., 3 m.

57 — *Le capitaine Pagès, du corps d'état-major ; maréchal des logis des guides, portant le fanion du général Bourbaki ; officier des chasseurs de la garde ; chasseurs de la garde.*

Haut., 2 m. ; larg., 2 m. 31.

58 — *Chasseurs de la garde.*

Haut., 1 m. 60 ; larg., 2 m. 20.

59 — *Maréchal des logis portant un fanion ; officier de chasseurs et chasseurs.*

Haut., 2 m. ; larg., 94 cent.

60 — *Un groupe de Grenadiers de la garde impériale (1er régiment) ; des chevaux, des sacs, des armes, etc.*

Haut., 1 m. 63 ; larg., 2 m. 21.

61 — *Des Grenadiers de la garde boivent à une fontaine ou remplissent les bidons de leurs camarades.*

Haut., 2 m. 10 ; larg., 2 m. 80.

62 — *Un Trompette de l'artillerie de la garde mort, son cheval tué à côté.*

Haut., 2 m. 60; larg., 2 m. 08.

63 — *Les Tambours du 1ᵉʳ régiment des grenadiers de la garde.*

Haut., 88 cent.; larg., 3 m. 15.

64 — *Le Tambour-major du 1ᵉʳ régiment des grenadiers de la garde.*

Haut., 1 m. 03; larg., 80 cent.

65 — *Chasseurs de l'escorte du maréchal Canrobert.*

Haut., 2 m. 38; larg.. 2 m. 76.

66 — *Grenadiers et voltigeurs de la garde.*

Haut., 1 m. 75: larg., 2 m. 15.

67 — *Un Grenadier de la garde conduit une mule portant un cacolet sur lequel deux blessés.*

Haut., 1 m. 80: larg., 2 m. 10.

68 — *Le commandant Boussenard est porté à l'ambulance par quatre lignards.*

Haut., 1 m. 54; larg., 2 m. 15.

69 — *Blessés de l'artillerie conduits à l'ambulance.*

Haut., 2 m. 05; larg., 1 m. 71.

70 — *Transport de blessés.* — Au deuxième plan, un cuirassier français, démonté, tient son cheval à la bride.

Haut., 98 cent.; larg., 1 m. 83.

71 — *Un Sapeur du 1er régiment des grenadiers de la garde.*

Haut., 1 m. 60; larg., 88 cent.

72 — *Artilleur et son cheval morts.* — A côté, un caisson fracassé.

Haut., 1 m. 74; larg., 2 m. 91.

73 — *Un Gendarme de la prévôté du 6e corps indique à un blessé la direction à prendre pour atteindre l'ambulance.*

Haut., 2 m.; larg., 2 m. 75.

74 — *Un Gendarme de la prévôté du 6e corps.*

Haut., 2 m. 09; larg., 87 cent.

75 — *Grenadier de la garde portant des bidons.*

Haut., 1 m. 50; larg., 1 m. 05.

76 — *Des Voltigeurs de la garde portant un blessé.*

Haut., 95 cent.; larg., 1 m. 12.

77 — *Grenadiers de la garde* (n° 1).

Haut., 1 m. 19; larg., 1 m. 34.

78 — *Grenadiers de la garde* (n° 2). — Au premier plan, une mare.

Haut., 2 m. 75; larg., 2 m. 05.

79 — *Grenadiers de la garde* (n° 3).

Haut., 2 m. 15; larg., 1 m. 27.

80 — *Grenadiers de la garde* (n° 4).

Haut.. 2 m. 20: larg., 1 m. 35.

81 — *Grenadiers de la garde* (n° 5).

Haut., 1 m. 20; larg., 1 m. 76.

82 — *Grenadiers de la garde* (n° 6).

Haut., 2 m. 10: larg.. 85 cent.

83 — *Grenadiers de la garde* (n° 7).

Haut., 1 m. 90: larg., 85 cent.

84 — *Le Drapeau des grenadiers de la garde.*

Haut., 2 m. 70: larg.. 1 m. 53.

85 — *Un Grenadier de la garde.*

Haut.. 2 m. 10: larg.. 1 m. 25.

86 — *Un Chasseur tenant deux chevaux en main.*

Haut.. 1 m. 35 : larg., 1 m. 64.

87 — *Artilleur de la garde tué.*

Haut., 82 cent.: larg.. 1 m. 70.

88 — *Un Clairon des grenadiers.*

Haut.. 69 cent.: larg.. 48 cent.

89 — *Un Grenadier de la Garde.*

Haut.. 85 cent.: larg.. 1 m. 33.

90 — *Un Clairon et un chasseur à pied, étendus morts.* — Sur une borne, à droite, les signatures de **E. DETAILLE** et de **A. DE NEUVILLE.**

Haut., 1 m. 30 ; larg., 1 m. 70.

91 — *Deux Officiers des grenadiers de la garde.*

Haut., 2 m. 10; larg., 87 cent.

92 — *Un Artilleur de la garde tué.* — Il est à demi dépouillé.

Haut., 75 cent.; larg., 1 m. 14.

93 — *Un Officier d'état-major.*

Haut., 95 cent., larg., 1 m. 36.

94 — *A l'Ambulance* (n° 1). — On amène des grenadiers et des voltigeurs de la garde, blessés, et des chasseurs à pied.

Haut., 1 m. 40 ; larg., 2 m. 79.

95 — *A l'Ambulance* (n° 2). — On y conduit des soldats blessés, de la ligne.

Haut., 1 m. 25; larg., 1 m. 82.

96 — *Voiture d'ambulance.* — Devant un cheval blanc ensanglanté, un chasseur à pied blessé et d'autres tués.

Haut., 2 m.; larg., 1 m. 55.

97 — *Grave'otte.* — Devant, quelques cadavres et des blessés. Plus loin, la route qui mène à Metz, encombrée de voitures de blessés, d'isolés. Au loin, le village de Gravelotte, éclairé par les derniers rayons du soleil à son déclin.

Haut., 1 m. 65.; larg.. 1 m. 90.

98 — *Même sujet. Cacolets.* — Cependant ce n'est pas le gros du village qu'on aperçoit au fond, mais seulement des maisons éparses, les dernières de Gravelotte.

Haut.. 1 m. 45; larg.. 1 m. 73.

99 — *Un Moment d'arrêt.*

Haut.. 67 cent.; larg.. 1 m. 09.

100 — *L'Artillerie de la garde* (n° 1). — Les généraux Picard et Jeanningros se tiennent près des batteries, avec leur état-major et une escorte de guides de la garde.

Haut., 1 m. 60, larg.. 2 m. 33.

101 — *L'Artillerie de la garde* (n° 2).

Haut., 1 m. 56; larg.. 1 m. 97.

102 — *L'Artillerie de la garde* (n° 3). — Devant, plusieurs cadavres de chevaux.

Haut., 1 m. 90; larg., 1 m. 60.

103 — *L'Artillerie de la garde* (n° 4). — Au premier plan, près du cadre, un fantassin tué.

Haut.. 1 m. 90; larg.: 1 m. 50.

104 — *L'Artillerie de la garde* (n° 5).

Haut., 90 cent.: larg., 1 m. 63.

105 — *Deux Uhlans morts.*

Haut., 1 m.: larg., 1 m. 85.

106 — *Un Cheval tué, une selle.*

Haut., 75 cent.: larg., 1 m. 80.

107 — *Cuirassier allemand, tué.*

Haut., 44 cent.: larg., 94 cent.

108 — *Cuirassier allemand mort et son cheval tué.*

Haut.. 95 cent.. larg.. 2 m. 30.

109 — *Une selle et divers objets.*

Haut., 1 m.: larg., 1 m. 50.

110 — *Sac, marmite, carabine, etc.*

Haut., 90 cent.: larg., 1 m. 77.

111 — *Sac, bidon, etc.*

Haut.. 60 cent.: larg.. 92 cent.

112 — *Bidons, fusil, etc.*

Haut., 37 cent.: larg.. 1 m. 95.

113 — *Sac, bidon, cartouches* (n° 1).

Haut., 1 m.: larg.. 2 m. 10.

114 — *Sac, bidon, cartouches, etc.* (n° 2).

Haut., 90 cent.: larg.. 1 m. 76.

115 — *Une rue de Rezonville.*

Haut., 1 m. 15 : larg.. 1 m. 55.

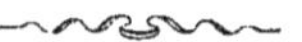

Bataille de Champigny

A. DE NEUVILLE et ÉD. DETAILLE

116 — *Le fond de la Giberne.*— Le fantassin blessé, par **DE NEUVILLE**. — Le clairon de mobiles, par **DETAILLE**.

Haut., 2 m. 93; larg., 2 m. 59.

A. DE NEUVILLE

117 — *Mobiles hors de combat.*

Haut., 2 m. 39 ; larg., 2 m.

118 — *Embusqués. Allemands.*

Haut., 2 m. 39 ; larg., 1 m. 95.

119 — *Hors de combat. Allemands.*

Haut., 1 m. 36 ; larg., 2 m. 36.

120 — *Lignards embusqués dans un enclos.*

Haut., 2 m. 30 : larg., 1 m. 50.

121 — *Dans un jardin (n° 1).*

Haut., 2 m. 20 : larg., 1 m. 60.

122 — *Dans un jardin (n° 2).*

Haut., 2 m. 50 : larg., 1 m. 95.

ÉD. DETAILLE

123 — *Un Mobile tué ; un officier allemand mort, près de son cheval expirant.*

Haut., 1 m. 04 ; larg., 2 m. 65.

124 — *Lignards et mobiles au feu.*

Haut., 1 m. 78 : larg., 1 m. 54.

125 — *Des Lignards au feu. A gauche, dans l'angle, le cadavre d'un Allemand. Devant passe un mobile isolé.*

Haut., 1 m. 66 : larg., 1 m. 73.

126 — *Embusqués derrière un mur. Fantassins de la ligne.*

Haut., 1 m. 20 : larg., 1 m. 27.

127 — *Des Lignards vont au feu.*

Haut., 1 m. 55 ; larg., 1 m. 69.

128 — *Dans un ravin. Lignards* (n° 1).

Haut., 1 m. 05 ; larg., 1 m. 24.

129 — *Dans un ravin. Lignards* (n° 2).

Haut., 1 m. 20 ; larg., 97 cent.

130 — *Des Frères des Écoles chrétiennes, ambu-
lanciers.*

Haut., 1 m. 90 ; larg., 2 m. 12.

131 — *Transport de blessés.* — Au fond, des Frères
des Écoles chrétiennes, brancardiers.

Haut., 1 m. 74 ; l. , 1 m. 10.

132 — *Brancardier. Soldat de la ligne.*

Haut., 1 m. 80 ; larg., 1 m. 20.

133 — *Mobiles conduisant des mulets d'ambulance.*

Haut., 1 m. 20 ; larg., 1 m. 58.

134 — *Brancardiers de la ligne.*

Haut., 74 cent., larg., 1 m. 12.

135 — *On relève un blessé.* — Un mulet portant un
cacolet, tenu par un mobile.

Haut., 2 m. 02 ; larg., 1 m. 59.

136 — *Au pied du poteau.*

Haut., 1 m. 60 ; larg., 2 m. 06.

137 — *Sous le feu de l'ennemi.*

Haut., 1 m. 40; larg., 2 m. 12.

138 — *Brancardiers.* — Au fond, par une brèche ouverte dans un mur, on transporte les blessés.

Haut., 1 m. 60; larg., 1 m. 28.

139 — *Un Officier de la ligne, passant.*

Haut., 68 cent.; larg., 92 cent.

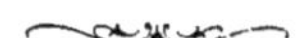

Paris. — Imp. Georges Petit, 12, rue Godot-de-Mauroi. — 3533-96.

www.ingramcontent.com/pod-product-compliance
Lightning Source LLC
LaVergne TN
LVHW020848200726
843508LV00003B/1098